Der Autor fordert nicht dazu auf, sich ohne entsprechende Kenntnisse im Online-Handel oder überhaupt im Internet tätig zu werden oder sich selbständig zu machen.

Die Leserinnen und Leser dieses Buches möchte ich ausdrücklich darauf hinweisen, dass keine Erfolgsgarantie oder ähnliches gewährleistet werden kann. Auch kann keinerlei Verantwortung für jegliche Art von Folgen, die der Leserin und dem Leser im Zusammenhang mit dem Inhalt dieses Buches entstehen, übernommen werden. Die Leserin und der Leser sind für aus diesem Buch resultierenden Ideen und Aktionen selbst verantwortlich.

Wichtiger Hinweis

Reproduktionen, Übersetzungen, Weiterverarbeitung oder ähnliche Handlungen zu kommerziellen Zwecken sowie Wiederverkauf oder sonstige Veröffentlichungen sind ohne schriftliche Zustimmung des Autors nicht gestattet.

Zuwiderhandlungen werden rechtlich verfolgt und geahndet!

Copyright 2014 - Michael Uhlworm, Düsseldorf

Überarbeitete Fassung: Januar 2017

Mit Ratgeber-eBooks im Internet Geld verdienen!

Ein Praxis-Ratgeber:

Wie konzipiert, schreibt, erstellt und verkauft man Ratgeber-eBooks?

Inhalt

Vorwort 7

Kapitel 1
Was ist ein eBook und wodurch unterscheidet es sich von einem normalen Buch? **10**

Kapitel 2
Die Idee, die Ideenfindung und Recherche **13**

Kapitel 3
Arbeitsweise und Voraussetzungen **18**

Kapitel 4
Themen-Recherche: Welche Marktchancen hat meine Idee für ein Ratgeber-eBook? **23**

Kapitel 5
Das eigentliche Schreiben deines eBooks **30**

Kapitel 6
Korrekturlesen und Nachbesserungen **33**

Kapitel 7
Das eBook-Marketing beginnt mit dem Cover **34**

Kapitel 8
Dateiformat umwandeln **39**

Kapitel 9
Preisfindung. Wie viel Geld kann ich für
mein eBook verlangen? **41**

Kapitel 10
eBook selber schreiben oder Partnerprogramm **44**

Kapitel 11
Wo und wie kann ich mein eBook anbieten
und verkaufen? **47**

Kapitel 12
eBooks über eigene Seiten verkaufen **52**

Kapitel 13
Worauf ist unbedingt zu achten? Vorsicht Falle! **60**

Schlusswort 61

Impressum 65

Vorwort

Viele Menschen suchen mittlerweile ihr Heil, ihre Zukunft und/oder ihr wirtschaftliches Auskommen im- und mittels Internet zu finden und zu sichern.

Die Gründe hierfür dürften vielfältiger Natur sein. Ob es nun der Rentner ist, der durch das Anklicken von Werbung ein paar Cent und im Monat vielleicht 20 Euro dazuverdient oder die Hausfrau, die sich mit eigenen Bastel- oder Strickarbeiten einen Webshop eingerichtet hat. Ähnliche Beispiele gibt es hier viele.

Aber auch soziale Not von z.B. Hartz -Empfängern lässt manche im sogenannten Internetmarketing tätig werden. Leider werden diese Menschen mehr Geld an die Internetmarketing-Industriellen los, als sie dann tatsächlich verdienen.

Auch manche Network- und Multi-Level-Marketing-Unternehmen nutzen Not und Unwissenheit für ihr eigenes Profitstreben schamlos aus. Manches erinnert stark an die Haustürgeschäfte und Drückerkolonnen der 1980 und 1990 Jahre.

Auch ich habe einiges im Internet eigenständig probiert, doch ich musste feststellen, dass mit seriösem Marketing wie ich es früher offline betrieben habe, kaum ein Baum auszureißen ist wenn man nicht in einem größeren Unternehmen beschäftigt ist. Aber eben dies wollte ich ja nicht mehr sein, bei irgendwem beschäftigt sein.

Irgendwann im laufe der Zeit vor ein paar Jahren, interessierte ich für mich das Schreiben von eigenen eBooks. Da ich früher niemals ein eBook geschrieben habe, musste ich mich zuerst einmal mit dem Aufbau eines eBooks befassen und lernen, wie man überhaupt ein eBook schreibt.

Ich entdeckte bald, dass es gar nicht darauf ankommt einen tollen Bestseller zu schreiben, das gelingt sowieso nur den allerwenigsten. Vielmehr sah ich den Markt für eBooks, die sich mit allen möglichen Problemen aus unterschiedlichsten Lebensbereichen befassten. Diese eBooks ersetzen gleichsam den persönlichen Ratgeber den man früher einmal aus dem Freundes - oder Bekanntenkreis kannte.

Wie auch du mit dem Schreiben von Ratgeber-eBooks nebenbei oder auch hauptberuflich dein Geld verdienen kannst, beschreibe ich dir hier.

Es geht allerdings hier nicht **nur alleine** um das Schreiben von eBooks sondern auch darum, wie du diese vermarkten, also auch verkaufen kannst. Denn du erstellst zwar ein Produkt, aber ohne dessen Verkauf hast du deine Miete noch nicht bezahlt und auch der Kühlschrank gibt nichts her.

Also beschäftigen sich einige Kapitel auch und speziell mit der Vermarktung deiner geistigen Erzeugnisse.

Um Bücher und ich spreche hier von eBooks verkaufen

zu können, benötigst du auch ein gutes Design deiner Produkte, denn das Auge isst bekanntermaßen mit.

Mit Design meine ich hier ein gutes und ansprechendes eBook-Cover, einen Klappentext, und nicht zuletzt die nötigen Formate für Amazon-Kindle etc.

Auch diese Kapitel sind für dich sehr wichtig, wenn es später darum geht, deine eBooks auch verkaufen zu können.

Schlussendlich behandeln einige Kapitel auch das Thema, wo und wie du deine eBooks verkaufst und wie deine Tantiemen aussehen.

Nun lieber Leser und Leserin wünsche ich dir viel Vergnügen beim lesen dieses eBooks und ich wünsche dir, dass du bald deine Ideen für ein Ratgeber-eBook in gute Münze umwandeln kannst.

Kapitel 1

Was ist ein eBook und wodurch unterscheidet es sich von einem normalen Buch?

Ein eBook ist ein digitales Medium. Digital deshalb, weil du es auf und in deinen PC oder Laptop schreibst und speicherst. Du verkaufst dein eBook nicht in einem Ladengeschäft, sondern der Käufer kann es sich nach Kauf und Bezahlung, direkt auf seinen Rechner herunterladen und sofort lesen. Der Kaufvorgang geschieht innerhalb von Minuten, von jedem Ort der Welt.

Ein gewöhnliches Buch kannst du im Buchladen kaufen oder es dir per Versand irgendwohin, zu dir nach Hause schicken lassen.

Der Vorteil eines eBooks ist also schon einmal der Zeitgewinn und die Bequemlichkeit bei der Beschaffung. Aber dabei alleine bleibt es nicht.

Bist du ein Vielleser, wirst du deine Bücher irgendwann in ein Regal packen müssen oder im Keller stapeln. Sicher gibt ein vollgestelltes Bücherregal eine nette Dekoration her und zeugt von deiner Belesenheit. Ob das aber praktisch ist, muss jeder für sich entscheiden.

eBooks passen tausendfach auf einen Rechner oder in einen eBook-Reader (z.B. Kindle). Wenn du auf Reisen gehst, hast du deine Bücher auf deinem Laptop oder Reader immer dabei. Ein Reader wiegt ein paar hundert

Gramm ein Laptop vielleicht zwei Kilo und ist kostenlose Handgepäck im Flieger. Die Vorteile liegen also buchstäblich auf der Hand.

Im Gegensatz zu einem normalen Buch, entstehen bei der Produktion eines eBooks kaum Herstellungskosten, wie z.B. Druckkosten. Überlege einmal welche Kosten bei einem Buchdruck entstehen. Es ist ja nicht nur das Papier, sondern man braucht auch Druckmaschinen, Tinte und Menschen die diese Maschinen bedienen.

Dann muss das Buch noch in Form gebracht werden. Um auf dem Ladentisch zu landen benötigt man überdies noch einen Verlag/Verleger, der auch noch seine eigenen Kosten in das Buch einpreisen muss. Selbstverständlich möchte auch der Händler seine Marge beim Verkauf haben.

All diese Kosten entfallen bei einem eBook und machen es so spannend für Menschen wie dich und mich.

Du musst nicht mehr herumrennen und dir einen Verlag suchen, der dir das Buch verlegt und damit die oben genannten Kosten und Risiken übernimmt. Das Internet erlaubt dir, dein eigener Verleger und Verkäufer zugleich zu sein.

Wenn du einmal ein eBook produziert hast, kannst du es immer und immer wieder ohne eigene, nennenswerten Kosten, verkaufen.

Wenn es inhaltlich etwas veraltet ist, setzt du dich an

deinen Rechner und modifizierst es einfach und kannst es als „überarbeitete Auflage", wieder verkaufen.

Du siehst, ein eBook hat gegenüber einem normalem Buch, überwältigende Vorteile. Somit kann beinahe jeder, der irgendeiner Sprache mächtig ist, sein eigenes eBook schreiben und, bei entsprechendem Erfolg, ein auskömmliches und freies Leben führen.

Selbstverständlich wird man mit einem einzigen eBook keine Reichtümer anhäufen können. Es bedarf schon viel Fleiß und auch Einfallsreichtum um hiermit ein Auskommen über Taschengeldniveau generieren zu können

Und es ist noch kein Meister vom Himmel gefallen. Ein paar Gesetzmäßigkeiten solltest du schon beherzigen. Aber um diese zu kennen und zu lernen, hast du dir ja dieses eBook hier gekauft.

Also, dann lasse uns beginnen. Am besten wir fangen erst einmal mit der Idee und der Ideenfindung im folgendem, zweiten Kapitel an.

Kapitel 2

Die Idee, die Ideenfindung und Recherche

Viele Möchtegern-Autoren träumen von ihrem großen Roman der zum Bestseller- und in Hollywood verfilmt wird und sie reich und berühmt macht.

In den allermeisten Fällen bleibt es bei diesem Traum. Und noch weniger fangen überhaupt erst mit der ersten Seite ihres Buches an.

Solltest auch du diesen Traum haben, dann verschiebe ihn erst einmal auf später. Denke lieber ein wenig pragmatischer und beschäftige dich mit den realistischen Möglichkeiten. Damit meine ich, schreibe für einen spezifischen Markt wie dem Ratgeber-eBook-Markt und hier sind 100 Seiten pro eBook schon ganz ordentlich.

Mit Markt ist auch gemeint, was wird gefragt, was interessiert Menschen? Kennst du die Antwort?

Die Antwort bist du. Hier und jetzt!

Du bist so ein Mensch, denn du suchst nach der Lösung eines Problems das dich beschäftigt. Warum sonst hast du dieses eBook gekauft?

Du möchtest ein eBook schreiben können. Du möchtest, das sich dein eBook verkauft und du träumst davon, durch Schreiben deinen Lebensunterhalt verdienen zu können um relativ frei und unabhängig leben zu können.

Du möchtest deine Arbeit, deinen Arbeitsplatz und deine Arbeitszeiten selbst bestimmen können. Richtig?

Das war schon einmal **meine Idee** zu diesem eBook. Ich habe sehr viele Ideen zu Ratgeber-eBooks und die hast du auch.

Frage dich, was bewegt Menschen, welche Probleme haben sie und zu welchen dieser Probleme kannst du ein vernünftiges eBook schreiben?

Aber warum sollte ein eBook als Ratgeber zur Lösung von Problemen herangezogen werden? Warum nicht eine Freundin, die Mutter, der Vater, der Bruder, ein Kollege oder sonstwer der einem Nahe steht und dem man vertraut?

Die Antwort: Anonymität oder Scham oder Einsamkeit.

Welche persönlichen, diskrete Probleme bewegen Menschen, anonym mittels eines eBooks Rat zu suchen?

Beispielsweise:

▶ Unerfüllte Liebe

▶ Mangelnde Anerkennung

▶ Übergewicht

▶ Alkoholismus

- Sexuelle Orientierung

- Familiäre Probleme

- Schweißfüsse, Fußpils

- usw.

Das sind eher diskrete Probleme, mit denen man sich schwer tun würde sich jemandem anzuvertrauen, um Rat zu suchen.

Doch es gibt auch ganz normale Probleme, ich nenne sie einmal spezielle Alltagsprobleme, wie beispielsweise:

- Ich empfinde mich als zu dick

- Mein Hund hört nicht auf mich

- Zu welchen Anlässen kleide ich mich richtig?

- Wie lege ich einen Zierfischteich an?

- Wie Tapeziere ich meine Wohnungswände?

- usw.

Frage Menschen in deinem Bekanntenkreis was diese bewegt, welche Sorgen und welche Wünsche sie haben. Schaue z.B. bei Amazon nach (unter Ratgeber-Bücher), welche Themen könnten für dich zum Schreiben geeignet sein. Du kannst auch in Buchhandlungen gehen. Die Themen liegen sozusagen auf der Straße, Du musst dich nur umschauen, beobachten und in dich aufnehmen. Manche Themen werden dir liegen und andere eher nicht. Das musst du für dich selbst entscheiden und hier kann dir niemand helfen.

- **Bekannte/Freunde/Familie**
- **Buchhandlungen**
- **Kioske/Zeitschriften (Frauenzeitschriften)**
- **Internetverlage (Amazon etc.)**
- **Communities wie z.B. http://gutefrage.net**

Hast du eine Idee, ein Thema für dein eBook gefunden, gehst du in die Recherche.

Die Zeiten als man sich alleine in Büchereien schlau machen musste, sind dank Internet vorbei. Hast du ein Email-Konto? Dann gehe bei „Google Suche" auf Google Alert.

Google Alert bringt dir per eMail alle Artikel und Seiten, die sich mit deinem ausgesuchten Thema befassen frei Haus. Melde dich mit deiner eMail-Adresse kostenlos an, gib deinen Suchbegriff ein, beispielsweise Liebe oder Spinnenangst, und du bekommst ständig Hinweise zu Artikeln und Seiten zu diesen Themen von Google geschickt, die sich mit deinem Suchbegriff befassen.

Hast du genug Informationen zu deinem eBook-Thema gesammelt, musst du nur noch Ordnung und Struktur in deine Rechercheunterlagen bringen.

Kapitel 3

Arbeitsweise und Voraussetzungen

Ohne eine vernünftige Gliederung, die auch den Spannungsbogen berücksichtigt, wird es schwierig. Dein eBook benötigt einen chronologischen Aufbau, vom Anfang bis zum Ende des Themas.

Jeder Autor von Ratgeber- oder Problemlösungs-eBooks, hat seine eigene, spezifische Vorgehensweise. Die einen rollen das Thema von hinten auf, die anderen schreiben erst einmal wild drauflos und ordnen das eBook erst am Ende ihrer Arbeit. Wieder andere erstellen ein Inhaltsverzeichnis und schreiben dann Kapitel für Kapitel.

Ich persönlich habe Anfangs oft von dem Thema, der Problematik die ich behandeln möchte, wenig Ahnung. Daher sammle ich erst einmal sämtliche Informationen zu dem betreffenden Thema. Einmal durch eigene Recherche im Internet und Literatur (ich gehe auch gerne mal in eine Bücherei). Und selbstverständlich lasse ich mich, lange bevor ich das eigentliche eBook in Angriff nehme, von Google Alerts mit Informationen beliefern. http://google.de/alerts

Das Letztere mache ich schon mindestens drei Monate bevor ich zu Schreiben beginne, mittels einer separaten Email-Adresse. Dann kommt das unvermeidliche, ich lese mich in das Thema sorgfältig ein und bekomme dadurch schon einmal ein Gespür für das Thema und die Problematik für die Betroffenen. Du musst dich in die Nöte deiner Zielgruppe seriös hineinfühlen.

Bin ich tief genug im Thema drin, beginne ich mit der Gliederung, die gleichzeitig den Spannungsbogen aufbaut, den Spannungsbogen benötige ich, um den Leser zum Weiterlesen zu bewegen um ihn auf die Lösung seines Problems zuzuführen.

Denn darum geht es in einem Ratgeber-eBook, der Leser erwartet eine Lösung für sein Problem, dafür hat er das eBook gekauft.

So müsste das Ratgeber-eBook eigentlich Problemlösungs-eBook heißen. Allerdings wäre diese Bezeichnung ein wenig sperrig.

Also lege großen Wert auf eine zielführende Strukturierung deiner Gliederung, denn sie stellt auch für dich, in deinem Schreibprozess den Leitfaden dar, an dem du dich immer orientieren kannst, solltest du einmal den Faden beim schreiben verlieren.

Wie ich oben schon sagte, die Arbeitsweisen der eBook-Schreiber unterscheiden sich, schon aufgrund verschiedener Temperamente und Vorlieben erheblich.

Meine Arbeitsweise ist die, dass ich fast immer an zwei eBooks parallel arbeite. Diese Vorgehensweise hat folgenden Grund.

Du kennst sicher den Ausdruck: Schreibblockade. Der Autor sitzt vor dem Bildschirm und es fällt ihm einfach nichts ein, was er in die Tastatur hacken könnte. Solche Momente erlebt jeder Autor. Manchmal braucht man auch Abstand zum jeweiligen Thema, weil es einen gerade langweilt. Was passiert? Man ist unkonzentriert, lenkt sich mit Belanglosem ab und verliert Zeit.

Diese Phasen wirst auch du erleben, warte es nur ab. Deshalb schreibe ich meist an mindestens zwei eBooks gleichzeitig. Habe ich zu dem einen Thema eine Schreibblockade, schwenke ich um und schreibe an dem anderen eBook weiter. Wenn auch das nicht funktioniert, lese ich mich schon mal in das Thema eines kommenden eBooks ein.

Diese, meine Arbeitsweise ist nicht generalisierbar und will ich auch hier gar nicht empfehlen. Vielleicht bist du ein ganz anderer Arbeitstyp als ich? Vielleicht benötigst du feste Strukturen und Abläufe? Was für ein Schreiber du wirst und/oder bald bist, musst du für dich ganz alleine herausfinden, da hilft nichts.

Ich möchte dich auf keinen Fall in ein Korsett zwingen, indem ich dir hier feste Arbeitsabläufe diktiere, das würde dich nur hemmen oder gar abschrecken, mit dem Schreiben zu beginnen.

Die elementaren Voraussetzungen eines Autors solltest du schon mitbringen. Ich meine hiermit eine ordentliche Rechtschreibung und Grammatik, auch wenn es hierzu Programme gibt.

Des weiteren solltest du formulieren können, Stil und Ausdruck sind fundamentales Handwerkszeug für einen Autor. Ebenso ist es notwendig, je nach Thema und Zielgruppe, die Sprache anzupassen. Welche Anrede wähle ich, das Sie oder das du? Schreibe ich persönlich, Kumpelhaft, Distanziert, sachlich etc..

Wer hier seine Problemchen hat, dem empfehle ich viel zu lesen, den durch das Lesen alleine bleibt schon viel positives hängen.

- **Der Text sollte flüssig zu lesen sein.**

- **Verwende nicht übermäßig oft Fremdworte (sei nicht eitel). Der Leser will dein eBook nicht mittels eines Fremdwortlexikons lesen müssen.**

- **Mache keine Sprünge im Text, bleibe im Kontext.**

- **Schreibe nicht Laienhaft, Du schreibst keinen Erlebnisbericht sondern ein eBook, für das Du Geld haben möchtest.**

- **Und halte den Leser nicht für dumm!**

Hier gebe ich dir einmal eine Arbeitsanleitung eines bekannten eBook-Autors. Wie bereits erwähnt, ist das nicht meine Arbeitsweise und ich könnte mit dieser Vorgehensweise wenig anfangen, da sie auf mich wie ein Korsett wirkt. Aber vielleicht ist diese Vorgehensweise für dich ein Anhaltspunkt, an dem du dich erst einmal festmachen kannst um im späteren deinen eigenen Arbeitsstil zu entwickeln.

Ausgegangen wird hier von einem 6 bis 8 Stundentag:

1. 2 Wochen Recherchieren des Themas
2. 2 Wochen Vorbereitung des eBooks
3. 6 Wochen Schreibphase
4. 2 Wochen Pause
5. 2 Wochen Überarbeitung und Korrektur des eBooks
6. 2 Wochen Formatumwandlung und Cover erstellen

Nach diesem Zeitplan erstellt du nach ungefähr 16 Wochen (4 Monaten) ein Ratgeber-eBook. Meine eigene Vorgehensweise erlaubt es mir, in dieser Zeit mindestens zwei eBooks, ohne Qualitätsverlust zu produzieren.

Viel Zeit spare ich schon einmal bei der Recherche ein, da diese bei mir schon passiert, während ich an anderen eBooks schreibe.

Eine Schreibphase von 6 Wochen halte ich schon für recht viel, und die Zeit für die Formatumwandlung und die Erstellung eines Covers halte ich höchstens für einen Anfänger für angemessen.

Aber, wie schon weiter oben gesagt, der jeweilige Arbeitsstil ist höchst individuell und lässt sich nicht ohne weiteres diktieren.

Kapitel 4

Themen-Recherche: Welche Marktchancen hat meine Idee für ein Ratgeber-eBook?

Wenn du ein Ratgeber-eBook über japanische Kois (Zierfische) schreiben möchtest, dann meinen herzlichen Glückwunsch.

Hiermit hättest du ein Thema gefunden von dem, außer in Japan vielleicht, noch wenige eBooks existieren.

Allerdings, wer wird sich für Kois interessieren? Und wie hoch sind die Chancen, von diesem Ratgeber-eBook genügend zu verkaufen, um für deine Mühen auch genug Einnahmen zu generieren?

Eine kleine Beispielrechnung:

Du hast zum Thema Koifische achtzig Seiten geschrieben. Du kalkulierst deinen Verkaufspreis mit 10 Cent je geschriebener Seite.

Du stellst das eBook bei Amazon rein und erhälst 70% auf deinen Verkaufspreis von 8 EUR (achtzig Seiten x 10 Cent).

Vor Steuern machst du also EUR 5,60 Gewinn.

Du hast bei der Google-Recherche (weiter unten) erfahren das zum Thema Koifische, monatlich 5000 Aufrufe stattfinden. Würden alle diese Aufrufer dein Buch kaufen, wäre es ja gut. Nur wird das nicht passieren. Bleibe realistisch und rechne mit mit weniger als einem halben Prozent möglicher Verkäufe.

Es gibt Ratgeber-eBook-Autoren, die dir erzählen wollen, dass sie ihre Produkte für 30, 40, 50 und mehr Euros verkaufen. Hier ist der Wunsch, Vater des Gedankens. Oder es sollen dir Reseller-Produkte mit unrealistischen Zahlen verkauft werden (dazu weiter unten mehr).

Auf der anderen Seite kannst du ein Ratgeber-eBook schreiben, welches sich mit dem Thema „Geld verdienen im Internet" beschäftigt. Hier ist die Zielgruppe sicher wesentlich höher, aber wie viele Publikationen zu diesem Thema gibt es schon? Braucht die Welt von dir, zu diesem Thema auch noch deinen Senf?

Hier liegt ein Dilemma vor. Das eine Thema interessiert zu wenige, die das eBook kaufen würden und das andere Thema ist „überschrieben", und es gibt schon zu viele eBooks zu dem Thema, als das noch ein Hund mit dem Schwanz wedelt.

Die Lösung heißt hier: Nische. Ich gebe dir ein Beispiel aus meiner Praxis.

Ich habe ein eBook über Verhaltensweisen und Codes von Frauen für die Zielgruppe Männer geschrieben. Ich wollte auf keinen Fall dem eBook-Markt eine weitere Abhandlung über richtiges Flirten hinzufügen.

Das Ergebnis war und ist, das beinahe so viele Frauen,

wie Männer dieses eBook kauften und kaufen. Die Männer kauften dieses eBook um ein persönliches Problem (Umgang mit Frauen) zu lösen und Frauen kauften es aus gründen der Neugier.

Wer ein persönliches Problem hat, kauft auch zwei oder drei eBooks zum selben Thema, um einer Problemlösung näher zu kommen.

Es gibt meiner Meinung nach 7 Basisthemen, welche jeden Menschen, je nach Gewichtung seiner Persönlichkeit, immer interessieren. Das sind:

1. **Geld**
2. **Macht**
3. **Erfolg**
4. **Prestige**
5. **Schönheit**
6. **Sex und Partnerschaft**
7. **Gesundheit und Wellness**

Häufig oder besser zumeist, mischen sich die Basisthemen, denn Geld hat auch mit Erfolg, Macht und Prestige zu tun. Wohingegen Sex und Partnerschaft sich auch mit Schönheit und Gesundheit mischen.

Mache dir ein paar Gedanken, was fällt dir zu den Basisthemen noch ein. Erfolg kann sich auch mit Schönheit mischen und so weiter.

Nimm dir einmal ein Blatt Papier und schreibe einmal für dich auf an was es dir mangelt, was du dir für dich wünschst.

Beispiel: Du wünschst dir ein tolles Auto? Was willst du mit dem tollen Auto der Außenwelt mitteilen?

Erstens, du hast sichtbar Geld. Da du Geld hast, gewinnst du an Prestige. Wenn du Prestige hast, gewinnst du Macht über andere.

Das tolle Auto sagt aber nichts über deine Gesundheit aus. Auch nicht, ob du guten Sex liefern kannst. Und schön musst du auch nicht sein um dir ein tolles Auto leisten zu können.

Schreibe beispielsweise ein eBook zum Thema Diät, so behandelst Du auch die Themen Gesundheit, Wellness und Schönheit, wie selbstverständlich mit.

Auch wenn du diese Begriffe in deinem eBook mit keinem Wort erwähnst, so schwingen sie doch automatisch mit. Denn jeder will schön und gesund sein, auch die Übergewichtigen die für dieses eBook die Zielgruppe darstellen.

Aber womit hängt es zusammen, dass beinahe alle Menschen diese sieben Wünsche haben?

Es ist das Krokodil, der Urtrieb des Menschen, sich über andere Menschen stellen und erheben zu wollen.

Hierzulande brauchen Frauen eine Konfektionsgröße von 34-36, um als Schönheitsideal durchzugehen. Aber wie sieht es z.B. in Indien oder in Afrika aus?

Braucht man bei uns mindestens einen Porsche sind es woanders 10 Kamele um ein gehobenes Prestige zu erlangen.

Und so ließe sich das weiter stricken. Jeder Mensch sucht in seinem Umfeld, in seinem Kegelverein, in seiner Stadt, in seinem Land nach Anerkennung und Geltung. Der eine gibt sich mit weniger zufrieden, der andere will mehr oder alles.

Zurück zu den Themennischen. Eine Nische bedeutet nicht unbedingt klein, sondern nur begrenzt oder besser überschaubar.

Genauer gesagt: Das Thema ist zugeschnitten auf die jeweilige Zielgruppe.

Ein Markt, dessen Zielgruppe 10 Millionen umfasst, allerdings auch 1 Million Anbieter hat, nutzt mir herzlich wenig.

Ein Beispiel ist der Reisemarkt. Der Nachfrage-Markt für Reisen, nur alleine in Deutschland, ist riesig. Leider auch der Anbieter-Markt.

Das Rad neu zu erfinden wird auch nicht gelingen, zu jedem Thema ist schon mindestens ein Buch erschienen.

Aber auch Probleme sind oft Modeerscheinungen. Denke einmal an Depressionen oder den heute viel bemühten

Burn-Out.

Mancher der nur Überanstrengt, Müde, enttäuscht oder einfach nur unzufrieden ist, nimmt dann schnell einen Burn-Out für sich in Anspruch.

Burn-Out zu haben ist gerade schick und zeugt von einer gewissen Wichtigkeit und wer will nicht wichtig sein? Wohlgemerkt, ich rede hier nicht von wirklich kranken Menschen, die sich mit hartnäckigen Depressionen herumschlagen.

Aber es gibt „modische Probleme" ebenso, wie es ernsthafte Probleme gibt.

Suche daher nach solchen modischen Problemen, da sie in der Regel gerade aktuell sind. Durchforste die Bestseller-Listen bei Amazon. Gehe in Büchereien und frage dort einfach einmal nach, welche Bücher gerade Top sind.

Gehe in einen Zeitungsladen und blättere die Yellopress durch, hier unbedingt auch die zahlreichen und billigen Frauenzeitschriften. Wenn du deine Antennen offen hälst findest du massenhaft Themen, die sich für ein eBook lohnen könnten.

Fündig wirst du auch bei Foren wie zum Beispiel www.gutefrage.net und anderen. Schau dich um im Netz, du wirst mehr Probleme finden worüber du ein Ratgeber-eBook verfassen könntest, als du tatsächlich zu schreiben schaffen würdest.

Dann hast du auch noch die Möglichkeit, herauszufinden, welche Suchbegriffe häufig verwendet und eingegeben werden. Zum Beispiel hier:

www.Keyword-datenbank.de
www.ranking-check.de/tools/rc.wochentracker.php
www.google.de/trends
www.adwords.google.de/select/KeywordTooExternal

Mit diesen Tools kannst du wunderbar herausfinden, was Menschen suchen und bewegt. Du wirst aber auch sehen können wieviele Anbieter es gibt, die diese Suchenden bedienen wollen. Denke hier nocheinmal an den Reisemarkt, oder an Sex oder auch wieder an die Koifische.

Welche Sorgen, Nöte und Ängste haben Menschen. Stelle dir diese Fragen, suche danach und richte einen Großteil deiner Antennen auf „suchen und aufspüren" aus.

Kapitel 5

Das eigentliche Schreiben deines eBooks

Nachdem du ein Thema für dein eBook gefunden hast und deine Recherche abgeschlossen ist und du genügend Material zu deinem Thema gesammelt und gelesen hast, geht es nun ans Eingemachte, nämlich das eigentliche Schreiben.

In den oberen Kapiteln hast du erfahren, worauf du achten musst.

Grammatik und Rechtschreibung

Stil und Ausdruck

Ansprache des Lesers (du oder Sie/ seriös oder Kumpelhaft)

Wähle in deinem Schreibprogramm (Word, Open Office oder auch kostenlos und so gut wie Word ist LibreOffice 4.3 www.libreoffice.org, das ich als Schreibprogramm nutze). Eine Schrift und eine Schriftgröße.

Ich persönlich benutze Punkt 12 und schreibe gerne mit Garamond, wie hier auch.

Du kannst aber auch eine andere Schriftart benutzen, solange sie gut und problemlos zu lesen ist. Bewahre deine Leser nur davor, sich eine Lupe suchen zu müssen, aber erschlage sie auch nicht mit einer zu großen Schrift.

Bedenke, dein eBook soll man später auf einem Rechner, wie auch auf einem eBook-Reader bequem und angenehm lesen können. Aber es sollte auch morgens in der U-Bahn auf einem Smartphone oder Tablet zu lesen sein.

Zuerst schreibe ein Vorwort oder eine Einführung zu dem eBook-Thema. Umreiße den Inhalt dahingehend, dass du den Leser auf das Thema des eBooks einstimmst ohne jedoch besonders auf die einzelnen Kapitel näher einzugehen, denn das bleibt deinem Hauptteil (den Kapiteln) vorbehalten.

Verschieße also hier nicht dein Pulver. Das Vorwort, die Einführung soll nur einstimmen, neugierig machen und das Problem umreißen, mehr nicht.

Anschließend schreibst du den Hauptteil, den du nach Kapiteln mit Überschriften ordnest.

Stelle dir einen Fahrplan eines Zuges vor, der z. B. 10 Stationen hat (das können, je nach Thema und Umfang, mehr oder weniger sein. Du steigst in den Zug mit dem Vorwort oder der Einführung ein, dann Station 1, Station 2 und so weiter.

Die Endstation ist dein Schlusswort, indem du den Inhalt und die Lösungswege des Problems noch einmal rückblickend zusammenfasst.

Wenn der Hauptteil deines eBooks 100 Seiten misst, dann verwende für dein Schlusswort noch einmal 5-10

Seiten (also 5-10%),

Bei weniger Inhalt (Hauptteil) passt Du das Schlusswort nach unten an. Also bei 50 Seiten Hauptteil sind in etwa das 2,5-5 Seiten.

Das ist im Prinzip das gesamte Geheimnis eines Ratgeber-eBooks. Wie du siehst ist es bei ein wenig Begabung, keine so schwere Sache ein eBook zu konzipieren und zu schreiben. Ich bin überzeugt, das kannst du auch!

Und noch einmal, achte auf den Spannungsbogen. Springe im Thema nicht hin und her. Benutze wenig Fremdworte. Schreibe leicht und verständlich. Halte den Leser nicht für dumm und nehme dich selber ein Stück weit zurück und prahle nicht.

Kapitel 6

Korrekturlesen und Nachbesserungen

Niemand ist perfekt. Das heißt, das in deinem Werk mit Sicherheit Fehler stecken. Sobald ich ein eBook fertig geschrieben habe, lege ich es ein paar Tage zur Seite (sinnbildlich gesprochen) um ein wenig Abstand zu schaffen. Eine Formulierung die ich gerade eben als gelungen empfinde kann mir in zwei, drei Tagen als unglücklich erscheinen.

Manchmal rufe ich die Datei erst wieder nach einer Woche auf und lese mir das eBook, mit dem gewonnenem Abstand, noch einmal durch. Und glaube mir, ich finde immer etwas, was ich ausbessern muss. Nur irgendwann muss es auch einmal Gut sein, ansonsten werde ich niemals fertig.

Wenn ich dann zufrieden bin, gebe ich es meiner Lebensgefährtin und bitte sie um Beurteilung. Vielleicht war ich hier und da ein wenig betriebsblind (hier textblind), was durchaus passieren kann. Und glaube mir noch einmal, es gibt wieder etwas zu kritteln.

Erst nach dieser Prozedur des Gegenlesens und der Korrektur, wenn sie und ich einverstanden sind, sage ich okay und begebe mich daran ein Cover für das eBook zu gestalten.

Und genau hier fängt dein Marketing an!

Kapitel 7

Das eBook-Marketing beginnt mit dem Cover

Was ist Marketing? Vereinfacht gesagt, ist Marketing der Oberbegriff für alle Maßnahmen die auf den Verkauf eines Produktes oder einer Dienstleistung abzielen (hier sei gesagt, u.a. bin ich von Beruf Fachwirt für Marketing).

Das Auge isst bekanntlich mit und du willst und musst dein eBook-Cover zum Kauf animierend, gestalten und konzipieren.

Ein Cover hat nur maximal 7 Sekunden um zum Kauf des eBooks zu verführen und/oder anzuregen!

Bedenke: Dein Cover ist das Erste, was der potentielle Käufer von deinem eBook sieht!

Hier kommen Programme ins Spiel, mit denen du ein ansprechendes Cover für dein eBook gestalten kannst. Es gibt kostenpflichtige, aber auch kostenlose Programme, mit denen auch der Laie, ein gutes Cover erstellen kann.

Hier nun ein paar kostenlose Programme, mit denen du recht einfach ein Cover für dein eBook erstellen kannst:

http://www.myecovermaker.com/

Klicke den Link und gehe auf die Seite, Dann klicke auf „Start Here" um kostenlos ein Cover zu erstellen.

Jetzt kannst du dir aus einigen Hintergründen einen aussuchen. Solltest du einen eigenen Hintergrund auf der Festplatte haben, kannst du den natürlich auch hochladen und einbauen

Wähle mit der Maus einen Bereich der angezeigten Grafik aus, den du als Hintergrund für dein Cover verwenden möchtest.

Wenn es dir gefällt, dann klicke auf „Crop Selection" und das Bild wird für dein eBook-Cover übernommen.

Danach gibst du den Text für das Cover ein und formatierst ihn (Farbe, Größe, Optik). Gehe dann auf „Insert Text" und erfasse den Text.

Du kannst hier aus 40 Schriftarten und aus 30 verschiedenen Texteffekten wählen.

Du kannst, wie bereits gesagt, auch eigene Bilder, Fotos oder Grafiken in dein Cover einbauen. Du musst dein Material einfach nur hochladen.

Spiele und übe ruhig ein bisschen herum und sei nicht mit dem ersten Ergebnis zufrieden. Frage jemanden nach seinem Eindruck. Das Cover soll mithelfen, dein eBook zu verkaufen und nicht unbedingt nur dir gut gefallen.

Cover-Text

Suche und finde einen guten, knalligen Titel für dein

eBook!

Es muss sofort klar sein, worum es in deinem eBook geht!

Die Schrift muss klar und leicht lesbar sein. Und achte auf die Größe!

Mache einen kurzen Untertitel, der sich auf den eBook-Titel bezieht und ihn nochmal aufwertet, oder ein Versprechen abgibt!

Ein kleines Beispiel:

Peter Müller	Der Autor
Das Hundebuch	Der Titel
Alles was ich über Hunde wissen muss!	Der Untertitel
Das Hundebuch für das verantwortungsvolle Frauchen und auch für Herrchen.	Die Aufwertung

Das Beispiel macht sofort klar, es geht um Hunde.

Das Versprechen im Untertitel:

Alles was ich über Hunde wissen muss.

Die Aufwertung ist:

Das Hundebuch für das verantwortungsvolle Frauchen und auch für Herrchen.

Das Beispiel ist nicht besonders schön, aber zweckdienlich.

Wenn du mit deinem Cover zufrieden bist, kannst du rechts oben auf der Seite auf Download klicken und das Cover auf deinem PC speichern.

Somit bist du dein eigener Grafiker und Cover-Texter geworden und hast bisher noch keinen einzigen Euro ausgegeben. Dein erstes eBook ist schon beinahe fertig. Aber wir müssen nun noch das Dateiformat umwandeln.

Einige Alternativen um ein kostenloses Cover zu erstellen, findest du hier:

http://www.gimp.downloads
http:www.rd-pack.com
http://www.quick3dcover.de
http://www.insofta.de

http://ebookcovercreator.com

Beachte hier bitte, das die kostenlosen Versionen meist nur die Basisversion des Programms sind. Wenn du bessere Ergebnisse möchtest, musst du entscheiden, ob du ins Geld gehen willst.

Da das Internet täglich wächst, ist es empfehlenswert, das du bei Google einfach einmal „kostenlose ebook-Cover" eintippst. Es ist möglich, das du noch andere Seiten zum Thema eBook-Cover finden wirst.

Nur fürAmazon-Kindle kannst du dir ein eBook-Cover auch direkt hier gestallten https://kdp.amazon.com/self-publishing/help

Allerdings gilt dieses Cover nur für die Verkaufsplattform bei Amazon-Kindle.

Kapitel 8

Dateiformat umwandeln

Damit dein eBook auch gelesen werden kann, musst du es in eine sogenannte PDF-Datei umwandeln. Keine Sorge, das geht ganz einfach.

Lade dir einfach einen kostenlosen PDF-Converter herunter. Das kannst du hier sofort tun:

http://pdf24.org

Selbstverständlich kannst Du Dir ebenso bei Chip.de oder Computerbild einen alternativen PDF-Converter herunterladen. Das steht dir frei.

Wenn du beispielsweise mit LibreOffice arbeitest, kannst du deine Datei auch in diesem Programm sofort in ein PDF umwandeln und abspeichern.

Wenn Du den PDF-Converter heruntergeladen hast, brauchst Du nur noch das Programm zu öffnen und deine Datei (eBook) anzuklicken und umwandeln. Innerhalb des PDF-Dokumentes kannst Du auch noch Verbesserungen oder Änderungen vornehmen.

Wenn Du dein eBook in verschiedene Formate umwandeln willst, was ich empfehle, dann lade Dir „Calibre" herunter. Damit kannst Du nicht nur deine eBooks verwalten und Cover und Text zusammenführen, sondern mit Calibre kannst Du dein eBook in alle gängigen Formate umwandeln.

Z.B. für den Amazon Kindle oder den Sony Reader. Ebenso kann dein eBook auch auf einem Ipad und einem Iphone gelesen werden.

Der Link für Calibre: http://www.calibre-64.cmsdownload.com

Oder auch bei Chip.de oder Compterbild.de.

Calibre gibt es in der 32 Bit Version und für Windows 7 und Windows 8 und Windows 10. Hier musst Du selber entscheiden, welche Version zu deinem PC passt.

So, jetzt ist dein eBook fertig und steht zum Verkauf bereit.

Kapitel 9

Preisfindung. Wieviel Geld kann ich für mein eBook verlangen?

Ein eBook hat den großen Vorteil, es verursacht kaum direkte Herstellungskosten. Wenn du es einmal geschrieben hast und auf deinem Rechner gespeichert ist, kannst du es theoretisch millionenmal verkaufen, ohne noch irgendwelche, nennenswerte Kosten zu haben.

Selbstverständlich wirst du irgendwann Steuern bezahlen müssen. <u>Hierzu darf ich dir nichts sagen, da ich nicht den steuerberatenden Berufen angehöre und ich mich nicht strafbar machen möchte.</u>

Frage hierzu unbedingt einen Steuerberater, dann bist du hier auf der sicheren Seite.

Dann fallen noch Prozente für den Verkauf deines eBooks beispielsweise bei Amazon an.

Ein Beispiel: Wenn Du ein ganz normales Buch schreibst und einen Verleger findest, bekommst Du pro verkauftem Buch auf den Netto-Ladenpreis ca. 4 – 7%.

Das ist wenig, sicherlich. Aber bedenke, der Verleger trägt sämtliche Kosten und Risiken, vom Druck bis zum Marketing etc..

Ich persönlich rechne etwa 5-10 Cent pro Seite. Habe ich z.B. 100 Seiten produziert, sind das ca. 5-10 Euro Netto-

Verkaufspreis.

Selbstverständlich passe ich mich auch dem Markt an und verlange auch schon kleinere Preise (ca. 3-4 Cent pro Seite).

Wenn ein bestimmter eBook-Titel ein „Ladenhüter" ist, kann es durchaus daran liegen, das mein Preis zu hoch angesetzt ist. Das muss nicht an der Qualität des eBooks liegen, es kann durchaus an der Zielgruppe liegen, für die ich dieses eBook geschrieben habe. Möglicherweise iist sie zu klein, oder das Thema aus der Mode.

In der Regel haben jüngere Leute weniger Geld zur Verfügung und auch eine andere Einstellung zum Internet (alles ist umsonst).

Ältere Leute, die noch an Werte gewohnt sind, haben eher die Einstellung von „was nichts kostet, ist auch nichts wert".

Du siehst, zu einem guten Teil ist die Preisfindung eher eine kniffelige und psychologische Sache.

Ein Ladenhüter, für den ich 10 EURO verlange bringt mir nichts, also biete ich ihn zu einem psychologischen Preis von EUR 4,95 oder 6,45 an, damit er sich überhaupt verkauft. Hier macht es dann eher die Masse.

Als Ratschlag kann ich dir nur mitgeben, bleibe bei deinem Erstlingswerk erst einmal bescheiden. Berechne pro Seite 5-10 Cent und runde die volle Summe immer um 5 Cent ab (6,95, 7,95 usw.).

Es nützt dir nichts, wenn dein eBook schmückend auf der Amazon-Seite steht.

Entscheidend ist der Abverkauf und es ist schon ein schönes Gefühl, wenn dir wildfremde Menschen dein geistiges Werk abkaufen.

Kapitel 10

eBook selber schreiben oder lieber Partnerprogramm

Bevor wir zum Vertrieb und den Verkauf deines eBooks übergehen, möchte ich dir noch etwas mit auf deinem Weg zum Ratgeber-eBook-Autor mitgeben.

Es gibt Partnerprogramme, die dir anbieten fremde eBooks zu verkaufen. Hiervon gibt es zwei Arten.

Lizenzen für eBooks erwerben

Bei einem Partnerprogramm kannst du eine Lizenz für fix und fertige Ratgeber-eBooks zu erwerben. Eine solche Lizenz kann schon gut und gerne EUR 1.500 und mehr kosten.

Dafür darfst du diese eBooks dann in Eigenregie und auf eigene Kasse verkaufen. Die Werbung, also Salespages (Verkaufsseiten) bekommst du in der Regel dazu. So weit so gut.

Der Nachteil hierbei liegt darin, dass du diese Lizenz nicht alleine erwirbst, sondern viele andere es dir gleichtun. Das heißt, diese Bücher werden von vielen verkauft, du besitzt keine Alleinverkaufsrechte. Du bist ja nicht der Autor. Es ist wie im Autohaus, der Verkäufer verkauft dir ein Auto, das er nicht selber gebaut hat. Mit Autorenschaft hat das also nichts zu tun. Jetzt überlege einmal, wer hier den Profit macht? Du jedenfalls nicht.

Provisionen mit fremden eBooks verdienen

Es gibt aber auch Partnerprogramme für eBooks, für die du nichts zahlen musst. Du meldest Dich als Partner an und darfst die Bücher verkaufen. Für deine Mühen bekommst du dann eine Provision i.H. von 20-50% je von dir verkauftem Buch.

Das ist dann schon ganz okay, nur liegt hier wieder Nachteil vor, dass auch hier wieder viele Partner ein und die selben Bücher verkaufen wollen. Auch hier ist schnell ersichtlich, wer der wahre Profiteur ist.

Aber das größte Problem in beiden Partnerprogrammen liegt darin, dass du diese Bücher nicht über Amazon etc. verkaufen kannst. Denn du bist ja nicht der Autor und hast demnach keine Autorenrechte.

Dann gibt es noch die sogenannten White Lables. Das sind fertige eBooks, bei denen du dich als Autor ausgeben darfst, obwohl du keine einzige Zeile selbst geschrieben hast. Eigentlich macht man sich damit zum Hochstapler, den es wird etwas vorgegaukelt, was nicht ist.

Das funktioniert so, du suchst dir bei einem White Lable-Anbieter ein eBook deiner Wahl aus und bezahlst es. Damit gehen die Autorenrechte auf dich über und du darfst so tun, als hättest du selber das eBook geschrieben.

Einmal davon abgesehen, dass der Kauf eines solchen eBooks an Selbstbetrug grenzt und höchstens für dumme und talentlose Angeber von zweifelhaften Nutzen ist, gilt auch hier:

Viele kaufen ein und dasselbe eBook und schreiben ihren Namen als Autor rein. Schön nicht wahr, ein eBook-Titel und eintausend Autoren?

Auch hier wird dein Verkaufsmarkt sehr beschränkt sein, wenn überhaupt ein nennenswerter Markt vorhanden ist. Auch hier ist schnell ersichtlich, wer hier wirklich Geld verdient.

Fazit ist, es geht kein Weg daran vorbei, dass du dein eigenes eBook schreibst und verkaufst. So hast du dein unverwechselbares Unikat und das eBook ist wirklich von dir. Dein gesetzlich geschütztes, geistiges Eigentum! Copyright by ...!

Kapitel 11

Wo und wie kann ich mein eBook anbieten und verkaufen?

Mit diesem Kapitel gelangen wir zum wirklich wichtigen Marketing. Und spätestens jetzt wird dir ersichtlich warum, neben dem Inhalt, auch die optische Präsentation, also dein erstelltes Cover so imminent wichtig ist.

Manchmal ist die Optik wichtiger als der Inhalt, diese Erfahrung hast du schon einmal gemacht wenn du beispielsweise einmal Tomaten gekauft hast.

Du kaufst natürlich die Tomate, die schön rot und prall aussieht nur um beim Verzehr festzustellen, das die Tomate weniger nach Tomate, sondern einfach nur nach Wasser schmeckt. In ähnlicher Weise ergeht es uns bei manchen anderen Produkten auch.

Besser ist es, wenn das Cover deines eBooks auch wirklich hält was es verspricht. Denke immer daran, du bist der Autor und hast vielleicht vor noch ein eBook zu schreiben und zu verkaufen. Außerdem ist der Inhalt unmittelbar mit deinem Namen verbunden, denke immer daran.

Du kannst und wirst nicht jedem gefallen können. Es ist wie mit der Musik, die einen mögen einen Song, die anderen finden ihn doof. Wenn du dich exponierst, wirst du immer und auch mit Kritik leben müssen, darüber sei dir im klaren.

Beglücke deine Leser mit gutem Inhalt und Nutzen und nicht mit Pseudo-Blabla. Deine Leser werden es bemerken, wenn du ihnen mit Schund kommst. Denen wirst du kein zweites eBook mehr verkaufen können.

Um dein eBook einem breiten Publikum zugänglich zu machen, bietet sich zuerst einmal Amazon an.

Du kannst dich bei Amazon als Publisher registrieren. Wie das im einzelnen funktioniert, erfährst du, wenn du den untenstehenden Link anklickst.

https://kdp.amazon.com/self-publishing/help

Du kommst auf die englischsprachige Version der Seite. Aber oben rechts, kannst du die Sprache auf deutsch umstellen.

Hier erfährst du alles, was bei der Anmeldung als Publisher zu beachten ist. Keine Sorge, es ist einfacher als man denkt.

Amazon bietet an, die Konvertierung deines eBooks aus einer Word-Datei für dich zu übernehmen. Ich nutze diesen Service allerdings nicht, Da ich die Konvertierung selbst übernehme (s.o. Calibre).

Wenn du dir alles durchgelesen hast, meldest du dich als Publisher unter folgendem Link an:

https://kdp.amazon.com/self-publishing/signin

Wenn du dein eBook fertig formatiert hast, kannst du es nun bei Amazon-Kindle hochladen.

Nun wird dein eBook geprüft und steht, bis zur Freigabe auf Bearbeitung.

Du bist aber nicht nur auf Amazon angewiesen. Auch hier kannst Du dein eBook zur Veröffentlichung und zum Verkauf anbieten:

https://tredition.de

Lies dir hier alles genau durch und melde dich auch hier an, wenn alles nach deinen Wünschen ist.

Dann schaue dich noch auf dieser Seite um, ob du noch weitere Verlage mit dem Verkauf deines eBooks beauftragen möchtest. Hier werden dir weitere, verschiedene eBook-Verlage angeboten, bei denen du dich anmelden kannst.

http://www.ciando.com/service/verlage

Der Deutsche Taschenbuch-Verlag (DTV) eröffnete zum 01.12.2014 ein eigenes eBook-Portal „dtvDigital"

http://dtv.de/ebooks_977.html

Der Ebozon-Verlag vertreibt eBooks auf ca. 190 eBook-Portalen.

http://www.ebozon-verlag.com/

Nun solltest du nicht vergessen, eine Salespage (Verkaufsseite) für dein eBook zu erstellen. Vielleicht betreibst du ja einen Blog, prima dann ist es um so einfacher.

Erstelle einen Artikel über dein eBook, Das hat den Vorteil, dass du auf dein eBook, z.B. bei Amazon-Kindle verlinken kannst. Füge einfach deinen Amazonlink in den Artikel ein, Amazon erlaubt und wünscht das ausdrücklich und über diesen Link verkaufte eBooks bringen dir dann noch einmal 5,5% Werbekostenerstattung ein.

Eine kostenlose Salespage kannst Du Dir hier erstellen:

http://www.marijo-bozak/sales

http://www.speezepagecreator.net

Hier bekommst du kostenlose Salespages und Landingpages. Du musst dich allerdings in den Newsletter eintragen damit die Programme freigeschaltet werden. Du kannst dich aber später wieder problemlos aus den Newslettern austragen, was ich aber nicht empfehlen würde.

Eigenes Partnerprogramm

Hier bin ich zugegeben kein Spezialist. Aber selbstverständlich ist es möglich ein eigenes Partnerprogramm aufzulegen und deine eBooks über Affiliates, gegen Provision verkaufen zu lassen.

Wenn du dich dafür interessierst, empfehle ich dir, diese Seite durchzulesen. Hier wird ein WP Plugin vorgestellt, mit dem du ein Partnerprogramm realisieren kannst (Englisch). Hier der Link:

www.landingpage-erstellen.org/wie-sie-ein-eigenes-partnerprogramm

Kapitel 12

eBooks über die eigenen Seiten verkaufen

Nun habe ich dir in Kapitel 10 verraten, wie du über verschiedene eBook-Verlage dein eBook zum Verkauf anbieten kannst.

Sicher sind die Konditionen von Verlag zu Verlag unterschiedlich und es liegt in deiner Entscheidung für welchen Verlag du dich entscheidest. Aber alle Verlage haben eines gemeinsam, sie wollen mit und an dir (deinem eBook) Geld verdienen und das ist auch legitim.

Ob du dein eBook überhaupt über einen Verlag vertreiben möchtest, hängt stark davon ab, welches Thema du gewählt hast.

Wie ich oben schon sagte, rate ich dem Interessierten immer dazu, Ratgeber-eBooks auch als Hobby zu schreiben und zu verkaufen.

Warum rate ich zu Ratgeber-eBooks? Ganz einfach, beinahe jeder kann sie, im Gegensatz zu Belletristik (Roman, Krimi etc.) schreiben und du kannst sie selber vertreiben und benötigst nicht unbedingt einen Verlag. Du bist quasi dein eigener Verleger (Selfpublishing).

Warum das so ist, habe ich dir auch schon oben beschrieben. Es geht um Probleme und deren Lösungen, um Nöte, die man unbedingt loswerden will. Denke einmal an den unendlichen Markt der Diätprodukte, wie viel Geld geben Menschen, die sich als dick und unansehnlich empfinden, für obskure Diätprogramme aus?

Auch hier haben wir es mit Bedürfnissen, wie Schönheit, Attraktivität, Anerkennung usw. zu tun.

Diese Menschen haben ein echtes Problem, in der Familie, mit dem Partner, im Beruf und überhaupt mit ihrer Selbstempfindung.

Das Geld, der Preis für ein eBook, das ihnen hinsichtlich ihres Problems hilft, wird hier zweitrangig. Mehr noch, wenn ein Problemlösungsangebot, denn nichts anderes ist ein Ratgeber-eBook nur 3 EUR kostet, wird es nicht ernst genommen. Kostet das eBook aber 9,95 EUR, vermittelt alleine schon der Preis eine höhere Wertigkeit (hier Problemlösung).

Für dich, der du mit Ratgeber-eBooks Geld verdienen will, hat das einen entscheidenden Vorteil, Du musst nur 10 oder 15 eBooks am Tag verkaufen, um so ein nettes Nebeneinkommen zu generieren.

Denke immer daran, das Internet verkauft 30/31 Tage im Monat und das 24 Stunden lang. Es ist gleichgültig ob du gerade schläfst oder im Urlaub bist.

Du hast oben Links von mir bekommen, wo du kostenlose Verkaufsseiten erstellen kannst

Füge also dein rBook-Cover ein und erkläre dein eBook.

Worum geht es im Ratgeber-eBook? Was ist das Thema, das Problem und die Lösung?

Erstelle eine kurze Auflistung nach Punkten, hier z.B. Diät-eBook.

- Sie fühlen sich zu dick
- Sie haben Atemnot
- Ihr Partner wendet sich ab
- Sie haben Probleme am Arbeitsplatz
- Menschen tuscheln hinter ihrem Rücken

Umreiße kurz die Möglichkeiten, wenn es diese Probleme nicht geben würde.

- **Endlich Anerkannt sein**
- **Sport treiben zu können**
- **Ein gesünderes Leben**
- **Attraktiv für den Partner sein**

Erkläre in kurzen und verständlichen Worten, was dein eBook zur Lösung des Problems beitragen kann, ohne den Inhalt des Buches in Gänze preiszugeben.

Gehe anschließend noch einmal auf die Vorteile an Lebensqualität ein, wenn das Problem nicht mehr vorhanden ist.

Erst jetzt am Schluss kannst du zum Kauf deines eBooks auffordern. Denke, wie gesagt immer an den Spannungsbogen. Der Mensch, der ein Problem hat, ist brennend daran interessiert, dieses Problem zu lösen um nicht mehr davon gefangen oder eingeengt sein.

Dein Ratgeber-eBook ist die Lösung seines Problems und du musst den Preis für deine Arbeit nicht schamvoll verstecken.

Kostenloser Webspace

Du benötigst für deine Verkaufsseite nicht viele Gigabites. Insofern ist es auch nicht nötig, sich teuren Webspace zu kaufen.

Kostenlosen Webspace bekommst Du z.B. hier:

http://www.bplaced.net

Du kannst hier mehrere Verkaufsseiten für unterschiedliche Ratgeber-eBooks hochladen.

Achte darauf, das der Name der Seite sich auf das Problem (Partnerschaft, Hunde usw.) bezieht und nicht auf dich und deinen Namen. Nach deinem Namen wird niemand suchen, wohl aber nach dem Problem (beispielsweise Diät oder noch spezieller und besser:

Kohldiät).

Wenn du deine Salespage auf den Server hochgeladen hast gilt es, diese Seite z.B. www.kohldiät.bplaced.net auch bekannt zu machen.

Wenn du Probleme mit dem Hochladen deiner Salespage (Verkaufsseite) hast, dann gehe auf Yotube. Hier findest du viele Videos, die dir das Hochladen anschaulich erklären.

Social-Marketing

Hier kannst du über deinen Facebook-Account entsprechend trommeln. Bei Ratgeber-eBooks kann es sich auch lohnen, den entsprechenden Link zur Salespage deines eBook zu twittern.

Nun gehst du z.B. auf http://www.pageballs.com und meldest dich dort an. Hier gibt es verschiedene Rubriken, in denen du einen Artikel über dein Ratgeber-eBook, mit Link (beispielsweise www.kohldiät.bplaced.net) schreibst und einstellst.

Nun suchst du nach Portalen, wie z.B. http://www.gutefrage.net und siehst dich dort nach Fragen zu deinem eBook-Thema um. Hierbei musst du aufpassen, dass du es nicht übertreibst mit der Eigenwerbung, da du ansonsten gesperrt wirst.

Es gibt viele Artikelverzeichnisse (einfach mal googlen)

bei denen du einen Artikel über dein eBook mit Link/Domain einstellen kannst.

Wenn du willst, kannst du auf entsprechenden Webseiten oder Blogs auch Kommentare schreiben. Gebe einfach bei Google dein eBook-Thema ein und suche nach entsprechenden Webseiten.

Video-Marketing

Videos von sich selber beispielsweise bei Youtube zu erstellen, ist nicht jedermanns Sache. Aber es ist eine gute Möglichkeit sich selber und sein Ratgeber-eBook vorzustellen. Jedenfalls ist hier gute Werbung völlig kostenlos zu realisieren.

Mache vielleicht eine kleine Video-Lesung und richte dir einen Youtube-Kanal ein. Schaden kann es nicht.

Email-Marketing

Wenn Menschen deine eBooks kaufen, hast du oft auch deren Email-Adressen. Warum also diese nicht für die Bewerbung anderer, neuer eBooks von dir nutzen? Ein Problem kommt ja selten allein.

Hierzu benötigst du allerdings einen Autoresponder und dieses Thema geht in Richtung Investitionen.

Eines möchte ich dir aber hier noch an die Hand geben. Du kannst Werbe-Emails auch ohne eigene Email-Liste und Autoresponder kostenlos versenden.

Ich spreche hier von sogenannten Viralmailern. Allerdings und das sei gesagt, haben diese zwei Nachteile.

Du triffst deine Zielgruppe nicht Punktgenau und du musst dir Werbepunkte durch Werbung-klicken verdienen oder zahlendes Mitglied werden.

Das ist ähnlich wie bei Paidmailern, wo man sich Werbeeinblendungen 10-30 Sekunden anschauen, oder einfach nur die Zeit abwarten, muss um ein paar Cent verdienen zu können.

Nur bekommt man bei Viralmailern dafür kein Geld, sondern Punktgutschriften, die man wiederum für die eigene Werbung benutzen kann.

Es gibt viele Viralmailer, die du nutzen könntest, gebe bei Google einfach Viralmailer ein und du bekommst eine reichhaltige Auswahl. Aber du sollst dich ja darauf konzentrieren, dein Ratgeber-eBook zu schreiben und nicht darauf, Punktgutschriften zu erklicken.

Die Möglichkeiten über Viralmailer Werbung für dein eBook zu machen, ist keine unbedingte Empfehlung von mir, sondern nur als mögliche Ergänzung gedacht.

Ich persönlich nutze Viralmailer nur ganz, ganz selten.

Du kannst dein Ratgeber-eBook auch auf physischen Medien, wie z.B. CDs oder Sticks, anbieten. Ob du diese

Optionen anbieten möchtest, bleibt dir überlassen, da du solch physiche Produkte ja versenden musst. Ich persönlich mache es nichtda mir der Aufwand zu hoch ist. Aber klar, ich kann mir durchaus vorstellen mit solchen Podukten beispielsweise auf Flohmärkte zu gehen, um sie anzubieten, oder sich ein eigenes Händlernetz aufzubauen.

Kapitel 13

Worauf ist unbedingt zu achten? Vorsicht Falle!

Nun hast du für dein eBook einen guten Titel gefunden. Aber Vorsicht, eventuell ist genau dieser Titel schon vorhanden und geschützt.

Wenn du diesen Titel dennoch verwendest, kann es unangenehm und teuer werden. Besonders aufpassen solltest du auch bei der Verwendung von Marken und/oder Begriffen.

Hier musst du unbedingt recherchieren und herausfinden, ob der Titel, die Marke oder der Begriff nicht eventuell schon registriert und geschützt sind.

Ob ein Begriff schon geschützt und eingetragen ist, kannst du Beim Patent - und Markenamt prüfen. Hier ist der entsprechende Link dazu: http://www.dpma.de

Wenn Du beispielsweise eine fremde Quelle zitierst, gib unbedingt auch die Quelle, woher der Text stammt auch unter dem Text an.

Vermeide Plagiate. Komme niemals auf die absurde Idee, irgendwo abzuschreiben! Du willst auch nicht bestohlen werden.

Schlusswort

Lieber Leser, in diesem eBook/Taschenbuch habe ich dir umfangreich erklärt, wie du ein erfolgreicher Ratgeber-eBook-Autor werden kannst. Ich habe hier ausschließlich aus meinem Erfahrungsschatz geschöpft und mich bewusst von Kosten (Geld ausgeben) und allzu umfangreichen technischen Details ferngehalten.

Um im Internet auch als Einzelperson Geld verdienen zu können, muss man sich spezialisieren und auf Nischen Konzentrieren.

Vor allem muss man aufpassen, nicht an Scharlatane zu geraten und womöglich viel Geld zu verlieren.

Wir haben hier von der Themenfindung für dein eBook, über die Erstellung, den Verkauf bis hin zum Marketing alles behandelt, was es braucht um als eBook-Autor im Internet agieren zu können. Eine Erfolgsgarantie gibt es nicht, so wie anderswo auch nicht.

Du hast erfahren, das ein Ratgeber-eBook wesentlich leichter zu schreiben ist, als beispielsweise ein romantischer Roman oder ein Krimi.

Du hast erfahren, dass du dein Ratgeber-eBook immer wieder modifizieren kannst um es dann als neue Auflage, immer wieder zu verkaufen.

Du hast erfahren, wie und wo du Ideen für dein Ratgeber-eBook finden kannst.

Du hast erfahren, wie du dein Ratgeber-eBook planst und konzipierst. Wie und wo du deine Recherche betreiben kannst.

Du hast erfahren, welche Ausdrucks – und Stilmittel du wählen kannst und deine Leser ansprichst.

Du hast erfahren, wie wichtig das Marketing ist. Wie und wo du ein eBook-Cover gestalten kannst. Wie und wo du deine eigene Salespages (Verkaufsseiten) erhälst, die du dann auf deinen Webspace hochlädst.

Du hast erfahren, bei welchen Internetverlagen du dein Ratgeber-eBook zum Verkauf anbieten kannst, wie du dich anmeldest und zum Publisher wirst.

Du hast erfahren, wie du Social-Marketing für dein Ratgeber-eBook betreibst.

Vor allem haben wir so gut wie keine Kosten produziert, alles was wir bearbeitet haben ist vorerst einmal kostenlos. Selbstverständlich kann man sich auch professionalisieren und wer ernsthaft viele Ratgeber-eBooks schreiben will um womöglich, später seinen Lebensunterhalt damit verdienen zu können, dem rate ich alsbald zu kostenpflichtigen Programmen und Lösungen.

Aber gemach, dein erstes eBook und sozusagen deine erste eigene Übungsaufgabe, lässt sich mit den oben genannten Mitteln durchaus realisieren, Nicht anders habe auch ich als Ratgeber-eBook-Autor begonnen.

So gesehen darfst du dieses, dir vorliegende, eBook auch als einen eigenen Erfahrungsbericht von mir betrachten.

Der alles entscheidende Faktor aber **bist du und niemand anderes**. Denn Schreiben verlangt Disziplin. Wenn du jede Woche nur einen Satz produzierst, wird es nichts mit deinem Ratgeber-eBook. Auch nicht, wenn du deine Rechercheergebnisse auf deiner Festplatte versauern lässt.

Schreiben macht einsam. Und glaube mir, du willst einsam sein, zumindest beim Schreiben. Ablenkung jeglicher Art während deines kreativen Schaffens wird dich, je nach deinem Temperament, müde, wütend, verzweifelt, zappelig oder unzufrieden machen.

Suche dir einen ruhigen Platz für dich und deinen Laptop. Verbanne alles aus deiner Schreibumgebung was dich ablenkt.

Wenn das nicht geht, z.B. weil du Familie und Kinder hast, dann bitte sie um die Zeit, die du für dein Tagespensum, für dein Schaffen brauchst.

Und sie wird kommen, die Schreibblockade, da machst du nichts gegen. Dann allerdings ist Abwechslung willkommen und angesagt. So jedenfalls verhält es sich bei mir.

Erzwingen lässt sich guter Text jedenfalls nicht. Wenn sie auftaucht, diese Schreibblockade, dann stelle den Rechner in die Ecke. Gehe in ein Cafe oder einkaufen, was auch immer. Am besten du verlässt den Raum in dem du arbeitest ganz, bis dein Akku wieder grün zeigt.

Und noch ein letzter Tipp. Denke daran, wenn du ein Ratgeber-eBook schreibst, dann schreibe so gut du nur kannst. Denn du hast mit deinem Ratgeber-eBook auch ein wenig Verantwortung für den Menschen übernommen, der dein eBook gekauft und gelesen hat. Bedenke das immer. Nun werde ein guter Ratgeber-eBook-Autor.

Michael Uhlworm

Impressum

Angaben gemäß § 5 TMG

Michael Uhlworm

Wilseder Weg 48

40468 Düsseldorf

Vertreten durch:

Michael Uhlworm

Kontakt:

Telefon: 0177-5641657

E-Mail: michael.uhlworm@web.de

Verantwortlich für den Inhalt nach § 55 Abs. 2 RStV:

Michael Uhlworm

Wilseder Weg 48

40468 Düsseldorf

www.ingramcontent.com/pod-product-compliance
Lightning Source LLC
Chambersburg PA
CBHW030504220526
45464CB00006B/2644